JN437403

丁亥詩

노을빛 사랑이 피어나는

丁亥詩
노을빛 사랑이 피어나는

초판 1쇄 인쇄 2008년 1월 15일
초판 1쇄 발행 2008년 1월 20일

지은이 | 권동기
펴낸이 | 김태봉
펴낸곳 | 도서출판 띠앗
등 록 | 제4-414호

편 집 | 황은진, 김주영, 김미란
기 획 | 정종해, 김경임
일러스트 | 조시형
마 케 팅 | 박상필, 김명준
홍 보 | 이준혁

주소 | (우143-200) 서울시 광진구 구의동 243-22
전화 | (02)454-0492
팩스 | (02)454-0493
이메일 ddiat@ddiat.co.kr
홈페이지 www.ddiat.co.kr

값 6,000원
ISBN 978-89-5854-052-6 (03810)

丁亥詩

노을빛 사랑이 피어나는

權東基 詩集

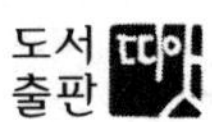
도서출판 띠앗

자서(自序)

새해 첫날
황금돼지 해라는 명목 하에
세상이 바뀔 듯
인산인해를 이루었던 동해 해맞이 공원에서

평화가 오기를 빌었고
경제가 잘 되기를 빌었다
그러나
정해년의 꿈은 허무의 별이 되고 말았다

빌어도 빌어도 끝나지 않을 불황속에서
서민들의 궁핍한 생활은 날로 커져만 간다
농업도 더불어 지는 해가 되어
들녘마다 찬바람만 을씨년스럽게 불 뿐이다

농업이 무너지고
경제가 무너지는데
공공요금과 물가는 날로
하늘 높은 줄 모르고 치솟는다

이런 고통속에서
예술의 혼불이 피어날 수 있을까

예술이 없는 세상이라면
너무 삭막하고 허무하지 않은가?

농촌을 살리자
경제를 살리자
그들이 없으면 아무것도 할 수 없다
예술은 그 바탕으로부터 피는 꽃이다

그 꽃은 인류의 굴레를 보듬는 청량제다
그 청량제가 발산할 때
우리는 아름다운 세상을 만들어 갈 수 있는 것이다
대한민국은 불굴의 의지가 숨쉬는 희망의 나라이다

이번 제13시집을 끄집어 내면서
많은 것을 버리고, 많은 것을 얻었다
끝없이 진행될 나의 길이 고통으로 쓰러진다 해도
인생이기에 초심으로 주농야시의 길을 걸으리라

백암(白巖)

차례

2부 아름다운 삶

3부 천년의 사랑

4부 홀로의 밤

5부 그리운 얼굴

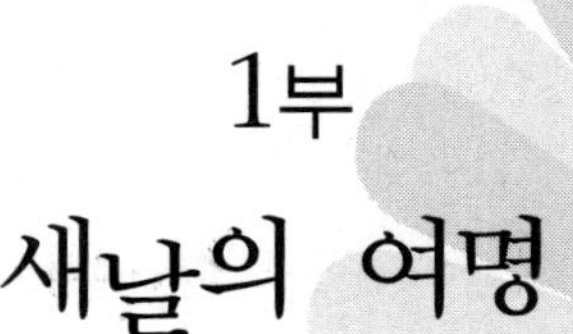

1부
새날의 여명

그런 고통이 없는
평온의 길 따라

001 丁亥詩

새날의 여명

잔잔한 가슴을 열고
인류가 기도하는 저 늘푸른 지상으로
거대한 핏덩어리를 곰삭히며
심야의 배앓이로 태초의 생명을 일궈 낸
우주의 장막은 은하의 꽃망울을 터뜨리고 있다

어둡던 광야에 솟구친 향연을 풀숲에 묻고
천년의 맥박이 쉴새없이 울펴지는
새날의 여명을 벅차게 추스리며
닫힌 마음을 실타래 풀어 헤치듯
미지의 대로를 향해 찬란한 혼불을 지피고 있다

002 丁亥詩

웅비의 세계

넓은 터전에 바람이 일어
고요의 땅에 그늘이 드리워진다 해도
심신속에 잠들었던 맥박을 일깨워
초지일관의 삶을 굽히지 않으련다

범람한 강나루에 암반이 무너져
건너야 할 대교가 허물어진다 해도
여명의 꿈을 세상으로 지피며
옹골찬 초심의 발판으로 걸어 가련다

통증에 빠진 몸뚱아리가
산산조각이 날지라도

003 丁亥詩

향기의 꽃

언 땅에
홍분의 입김을 가라앉히기 보다
자연으로 되돌리기 위해
억겁의 정열로 핀 꽃

찬서리가 엄습해
가슴을 난도질해도
한줌의 생명을 지키기 위해 울음보를 옥죄며
삶의 노래를 들려준 꽃

그대는
우주의 별이요
지구의 신이요
인류의 혼이다

004 丁亥詩

고뇌의 깃

열린 우주에
무수한 잔별들이

앙칼진 희망으로
웅비의 열망으로

지구의 빛 되어
인류의 혼 되어

고뇌에 헝클어진 깃을
냉정히 털고 있다

005 丁亥詩

광야의 빛

초록빛 물든 광야에
밤이슬이 떨며
막바지의 신음을 토한다

굴뚝으로 치밀 연기가
검푸른 천지를 휘감을 쯤
꿈의 동산에서 벗어나

허접한 시간을 포용하며
암벽에 끼어 밤을 지샌 풀잎은
광야의 빛을 기다린다

006 丁亥詩

창수령

피고지는 세상을 보채며
태초의 코끝으로 안개꽃을 드리운
창수령

그 고갯마루에 앉아
굽이진 비탈길을 헤아리며

하늘과 맞닿을 우주의 신비에 도취되어
한 세상의 흐릿한 고뇌도 벗어 버리고
인생의 노래를 맘껏 부르고 싶다

닳고 낡은 과거의 흔적을 불사르고
값진 삶의 향기를 풍기며

음악의 풍요처럼, 무희의 선율처럼
비단으로 널려진 무릉도원을 거닐 듯
영양과 영덕을 넘나들고 싶다

나뭇가지의 미풍처럼

007 丁亥詩

신선의 땅

백청호 물 찻잔에 담고
오서천 물 사발에 담아

세풍(世風)에 깊어가는 주름을 차향으로 녹이고
시풍(詩風)에 짙어가는 인생을 탁배기로 축이며

노래가 있어 흥겹고
정서가 있어 즐거운

신선의 땅

008 丁亥詩

새순

소슬바람이
나뭇가지를 흔들며

영원의 전율을 느낄
시향의 꿈을 연다

전설의 어깨 너머로
새생명의 신음을 토하며

봄은
그렇게 새순을 틔우고 있다

009 丁亥詩

빗방울 사랑

계곡의 황톳물이
아무도 사랑하지 않는 그 혈액의 전율로
산천을 껴안는다

푸른 솔잎을 덮어
수줍은 듯 붉혀가는 나체 사이로
산새의 신음이 진동되어

실오라기 같은 천년의 입김을 휘감아
자연의 모태로 돌아온 강은
유유히 황홀경을 토하며 흐른다

010 丁亥詩

기름진 땅

갈라진 틈새로
피가 솟구친다

메마른 땅에
거품이 일고

찢어질듯
흐트러진 전답마다

흥겨운
춤바람이 일어난다

011 丁亥詩

님아

춘풍 불면
님이 올까

삶의 둥지
삭풍 부네

사랑 찾아
님이 올까

인생 깃털
서리 앉네

012 丁亥詩

영원불멸의 길

멎을 듯
초췌된 삶

잊을 듯
섬세한 빛

오늘의 잉태될 허와 실
내일의 순산될 역사

훗날
억겁의 눈물이 산천을 감쌀지언정

삶은
영원불멸의 길

013 丁亥詩

그리운 별

새순을 틔운
붉은 실선이
동심의 꿈을 게워낸다

그리운 흔적을 부풀리며
옷깃에 물든 침샘

생채기를 쏟아 낸 별은
천사의 웃주름을 덮고
새벽녘 품에 고이 잠든다

014 丁亥詩

산자락에 핀 사랑

진정
간까지 내줘도 아깝잖은 님이라면
그 앞에 서서
흐르는 눈물을 닦아 주리라

진정
뼈까지 빼줘도 아프잖은 님이라면
그 앞에 앉아
흐느끼는 가슴을 애무해 주리라

바칠 수 있다면
모두 줄 수 있다면

푸른 숲을 유영하며
영원히 비상을 꿈꾸리라

015 丁亥詩

허수아비의 귓속말

해가 뜨면 양산이 되고
비가 오면 우산이 되는
그런 연인이면 좋겠다

더우면 그늘이 되고
추우면 온돌이 되는
그런 인연이면 좋겠다

해가 되어 강산을 태워버릴지라도
비가 되어 옥토를 쓸어버릴지라도

농꽃을 피워가기 위해
생명을 이어가기 위해

텅빈 가슴에
황금의 알곡을 쌓으면 좋겠다

016 丁亥詩

어르신네

싱그러운 풀잎으로 왔다
메말라진 낙엽으로 가듯

어버이의 미소로 와서
자식들의 눈물로 가는

삶은
앙사부모 처자보육의 여정을 지나

소풍 온 막바지의 행복을 향해
실타래를 감듯 추억의 골목길을 걸으신다

017 丁亥詩

역사의 굴레

잎새가 피어 강산을 보듬고
낙엽이 쌓여 거름이 되는

지구의 생명들이
나지막이 행복의 미소를 보낸다

유구한 역사를 품어 안고
이 날을 열어 온 그들이 있었기에

세상이 어지러우면 눈물꽃이 되고
사회가 아름다우면 웃음꽃이 된다

018 丁亥詩

노송(老松)

모진풍파
온몸으로 비비며

새날의 꿈을
한시라도 잊지 않았음에

푸른 숲을 품을 수 있었고
맑은 삶을 부풀릴 수 있었네

하늘 향해
마냥 굽실거리지도 않았고

땅을 향해
마냥 거만하지도 않았기에

님은
천하의 소중한 기둥이었네

019 丁亥詩

시(詩)와 주(酒)

시는
마음을 열고

술은
인생을 꽃피운다

그들은

로맨스와 스캔들을 낳는
뼈아픈 흔적이기도 하지만

호숫가의 물안개처럼
아름다움을 추구하는 오솔길이다

020 丁亥詩

추억의 메아리

우연히
길을 걷다가
어릴 적에 휘둘렀던 나무칼을 보았다

섬섬옥수에 닳아빠진 칼자루는
곰팡이의 천국되어

전쟁놀이에 칼 맞닿던 소리가
중년의 귓전을 비비며

천진난만했던 그리움들이 하나 둘
향수의 물결되어 가슴에 젖어들어
불현듯 코끝을 자극한다

2부
아름다운 삶

그런 고통이 없는
평온의 길 따라

021 丁亥詩

아름다운 삶

어디로 가야 할까
어디로 흘러서 어디에서 머물까

편견에 뼈가 부서지고
허상에 뒤통수가 찢어지는

그런 고통이 없는
평온의 길 따라

지혜로운 꿈을 열어
아름다운 삶을 흩뿌리며 살고 싶다

022 丁亥詩

만남

넋을 놓고
하늘 보면

별은 곱고
달은 밝다

오는 사람
가는 사람

심야 등불
애옥 차다

023 丁亥詩

비 오는 아침

빗방울 떨어지는 날
광야의 아침을 밟으며

풀잎을 녹여 고뇌의 때를 닦고
나무를 에워잡고 고독의 등을 비비며

애끓던 아픔들을
호숫가 숲 속에 잠재우고

땅을 부풀리는 산작로 따라
온몸을 적시며 걷는다

024 丁亥詩

시어(詩語)

시어의 덩어리는
함축의 외침이다

때로는 소설되어 달나라도 가지만
때로는 수필되어 망망대해로 넘나들지만

백두대간의 누더기 옷을 벗기고
낙동정맥의 허접한 살갗을 도려내어

정열의 신음을 가지런히 물들이고
예술의 으뜸을 게워내는 혼불이다

025 丁亥詩

가슴의 노래

가슴으로 저며오는 향기는
언제나 그 자리에 피어나는데

그 자리는 언제나 머물 수 없는
애틋한 고독으로 남아

피고지는 허무맹랑한 미소보다
영원히 꺼지지 않는 등불처럼

세상을 꽃피워
공간의 밀알을 채울 수 있는

실크로드를 따라
가슴의 노래를 맘껏 부르고 싶다

026 丁亥詩

詩의 불꽃

음과 양이
예술 궁합

정서 함양
시의 불꽃

027 丁亥詩

강산의 메아리

엇박자라도
삶의 기쁨이 있다면

엇갈린 추억이라도
인생의 명상이 있다면

값지고 멋들어진
소중한 외침이 아니던가

하나가
둘이 되는

삶의 몸부림이 시작될 때
미완성의 지혜는 강산의 메아리가 된다

028 丁亥詩

빗방울 떨어지는 날

비 온다
돌담길에 강물이 흐른다

하늘은 안개꽃을 창문에 꽂아두고
생기짙은 전원밖으로 유혹의 미소를 보낸다

걷는다
폭포수가 어깨를 두들긴다

종잡을 수 없는
미지의 세계를 향해

흐르는 눈물을 벗 삼아
정처없이 고독의 숨결을 토하다

녹초되어 서재에 앉으면
책향이 홍건한 땀을 닦아준다

029 丁亥詩

널브러진 거리

허물어진 육신에 누더기를 걸치고
저잣거리를 배회한다

흔적을 찾아 헤매이는 길목마다
부질없는 그림자는 바람처럼 가볍다

차 한잔에 목 축이며
술 한잔에 심장을 울리면

미완성의 터널을 지나
시련이 머무는 골목을 지나면

찢어진 가슴을 억누를 수 없어
땅거미가 춤출 때까지 고뇌의 눈물을 삼킨다

030 丁亥詩

서정의 꽃

외면되고
철저히 배제된 외로운 꽃일수록
향기가 달콤하다

지치고 시들어 갈 순간의 눈물일수록
외나무다리의 전설은 신비롭다

가슴으로 스미는 고뇌에 찬 이슬일지라도
꽃은 인생을 열어 줄 고귀한 생명체다

입김으로 뿜어지는
흔적없는 여정으로부터
못다한 서정의 꽃은 붉게 필 것이다

031 丁亥詩

신음하는 역사

심산유곡에 드리워진 암반은
세월의 역경으로 갉혀져
풀잎 사이로 샘물을 토하며

모진 신음으로 달려와
대자연의 역사를 빗질하는
낙락장송의 허벅지를 본다

032 丁亥詩

미지의 통로를 따라

높다한들
태산보다
하늘보다 높을까

낮다한들
대지보다
지하보다 낮을까

역사는
사자후를 토하며
막힌 통로를 부순다

염원의 혼불이
산천을 태워버릴지라도
광야의 길은 아득하다

033 丁亥詩

초야에서

뙤약볕에 흐르는
비지땀의 무게는
그늘 아래 부채바람과 같다

작물은 아지랑이 되어
온몸으로 걸러 낸 신음은
산사의 풍경소리와 같다

생명이 춤추는 초야에는
점지된 하늘의 운명처럼
대지의 불꽃은 꺼지지 않는다

034 丁亥詩

태양

거대한 불덩어리로 태어나
우주의 등불되어 지구의 반을 끼고 산다

꽃이 될 때 세상의 삶은 향기롭고
새가 될 때 희망의 길은 풍요롭다

모진 곳 없이 둥글어 지구의 백 아홉 배의 덩치로
종착역도 없이 영원히 빛나는 나그네

봄 여름 가을 겨울을 만끽하며
아름다운 여정의 곡선을 넘나들며

음지를 찾아, 냉기를 찾아 장작불 지피듯
인류의 생명을 북돋아 주는

그대

035 丁亥詩

장인정신의 길

감이 열려야
감나무다

감이 없다면
그것은 감나무가 아니다

감나무는
감이 열려야 한다

흔적은
예술의 혼불

036 丁亥詩

상흔

구름같은 사랑이라기에
솜사탕을 보았다

뜨거운 감자라기에
화롯불을 보았다

고뇌에 찬 강물이라기에
눈물을 보았다

쓰다 버린 휴지처럼
먹다 뱉은 오물처럼

037 丁亥詩

부서진 삶

돌아가는 지구를 묶을 수 없고
흘러가는 강물을 막을 수 없어

공전따라 연륜을 높이며
흐름따라 경륜을 채운다

찰나의 아픔보다
영원의 미소를 즐기며

부서진 삶을 모아
인생의 흔적을 각인한다

038 丁亥詩

노을빛 사랑이 피어나는

술은 술이요
시는 시다

술잔이 오갈 때는 세 치 혀를 움직이고
시가 오갈 때는 소박한 마음의 눈을 뜬다

땀샘이 넘나드는 표피처럼
쉼 없이 신음할 수 있는 길목에서

술은 시를 유혹하고
시는 술을 전희한다

노을빛 사랑이 피어나는
삶의 노래를 위해

039 丁亥詩

인생의 보금자리

희로애락의 틈에서 벗어나
유유자적할 여명의 길따라

살아 숨쉴 동안은
웃음꽃을 피울 수 있다면

생로병사의 틀에서 헤어나
무릉도원을 거닐 평화의 길따라

덧없는 허영의 세월을 잠재우고
행복꽃을 지필 수 있다면

그 길은
인생의 보금자리

040 丁亥詩

산속의 메아리

별이 흔들린다
나무가 춤을 춘다

잔솔가지에 앉은 새들이
산봉우리를 향해 날아간다

새벽을 열 길섶은
쉬이 잠들지 못하고

은하수에 숨겨 둔 사랑을 좇는다
아직 깊은 밤인데

3부
천년의 사랑

옥빛 호수에
고요의 물결이 일면

041 丁亥詩

천년의 사랑

영혼의
절규

영원히 뻗어 갈
삶의 맥박

옥빛 호수에
고요의 물결이 일면

천년의 신음
암반을 뚫는다

042 丁亥詩

나이테의 역사

고목을 홀로 두고
미래의 강따라 떠난 풀잎은

그리움을 삭혀 솜이불 되고
보고픔을 녹여 이슬꽃 되어

낙엽으로 돌아와
나이테의 역사를 껴안고

후회의 눈물로 통곡하다
강산의 거름이 되었네

043 丁亥詩

인생의 항변

바닷가에 갈매기가 운다고
세상이 슬픔에 빠진거는 아니라네

거센 파도가 내륙을 부순다고
지구가 아수라장이 되는거는 아니라네

갈매기가 울어야 바다가 살아 숨쉬고
파도가 춤을 춰야 만경창파가 살아 있다는 것을

님아

어두운 세상을 밝힐 등불은 턱없이 부족한데
짓눌린 사회를 보듬을 시간은 자꾸만 가는데

그토록 비애로운 가슴으로
허상의 꿈들을 포용하려 하는가

창공을 나는 저 새들을 보게
영롱한 희망의 날갯짓을

044 丁亥詩

심야의 메아리

심야를 휘감던
꿈의 향연은

복수혈전이 아니라
권토중래가 아니라

순수에 찬 맥박으로
온몸을 적신 전율이었음을

천지를 밝힌 등불이 몸짓하는 이유로
은하수가 긴 터널로부터 지혜를 뿜듯

시간이 깊을수록
고뇌에 찬 가슴이 흥분될 줄이야

045 丁亥詩

고독한 가을

가을은
고독의 눈물이다

오가는 모습마다
그리운 사랑을 잉태하며

낙엽마다 혼불을 놓아
마법의 성을 불사른다

그대가 오면
구름에 뜬 여정을 꿈꾼다

046 丁亥詩

그러나

황금은 많을수록 좋다
그러나 배고프면 무용지물이다

지식은 깊을수록 좋다
그러나 허기지면 식자우환이다

술잔은 비울수록 좋다
그러나 만취되면 백해무익이다

그러나
오곡백과는 쌓일수록 행복하다

047 丁亥詩

공허한 날

풀숲에
새가 운다

호수는
안개꽃으로 단장하고

산봉우리를 벗삼아
계곡을 섬기며

둥지에서
비상할 새들을 본다

048 丁亥詩

대하(大河)의 꽃

노래 속에 노래가 없고
춤 속에 춤이 없다면

을씨년스런 미풍이
들녘의 잡초로 피어 날 것을

음률이 있고
율동이 있다면

알곡같은 시향이
대하의 꽃으로 태어 날 것을

049 丁亥詩

애정의 강

풀잎에
노오란 흔적이

달빛에 젖어
수줍음을 토한다

은하수를 이불 삼아
별들을 쏟아 놓고

새벽녘
기지개를 켠다

050 丁亥詩

들녘에 핀 사랑

하늘이 뚫리고
땅이 녹아내려
산봉우리가 기백한다

허물어진 잎새에도
찌들어진 줄기에도

여명의 젖줄이 흘러
웅비의 맥박이 되살아
희망의 꽃잎마다 사랑이 움튼다

051 丁亥詩

바쁜 나날들

만 가지의 직업들이
활발히 전개되는 오뉴월의 계곡

층층이 불거지는 고뇌의 맥박에도
사회의 노래는 벅차게 울려 퍼진다

바쁜 나날들
우리는 무엇이 되어
미지의 세계로 뜀박질을 해야만 한다

웃음꽃이 가슴을 적시고
눈물꽃이 심장을 난도질 해도

하루의 삶이
억겁의 신음을 토악질 해도

초심으로 다져놓은 길따라
정처없이 매진할 뿐이다

052 丁亥詩

절규의 노래를

달리고 싶다

허기진 삶이라도
주눅든 인생이라도
추구하는 길따라 쉼없이

모래사장이든
가시덤불이든
요망하는 길따라 덧없이

땀방울로 벅찬 가슴을 적시며
소리없는 절규의 노래를 위해
힘차게

달리고 싶다

053 丁亥詩

미지의 세계

밟아도 짓밟아도
세월은 멈추지 않는다

내일의 아픔이
산천을 할퀴듯 몸부림쳐도

밟힌 그 상흔마다
꽃피고 열매가 향기로울 뿐

오늘도 역사를 녹인 촛불은
미지의 세계를 밝힌다

054 丁亥詩

그 태동의 길따라

비 오면
진흙을 밟으며
상처로 물들인 길따라

찌든 육신을
빗물로 씻으며
고뇌로 허물어진 길따라

메마르고 초췌한 갈래 갈래에
생동과 신음이 살아 숨쉬는
그 태동의 길따라

발굽이 닳는다

055 丁亥詩

웅비의 그날을 향해

예혼으로
서울하늘 아래에서
첫 울음을 터뜨렸던
큰놈이

어느덧
고교생이 되어
부모의 곁을 떠날 채비를 한다

고교 기숙사에 내려놓고 넘어오던
그 창수령에는
새로운 물결, 새로운 단장을 위해
안개꽃으로 담금질하고 있었다

준호야
저 높은 산봉우리를 넘었으니
그 보다 더 험준한 산이 가로막는다 해도
대한의 남아로서 웅비의 그날을 향해 걷거라

056 丁亥詩

미지의 꿈

만난다는 것은
인격체를 완성하는 거다

어울리는 것은
인생을 살찌운다는 거다

초미의 혼불을 지피며
웃음꽃을 피울 줄 아는 삶은

미지의 꿈을 심을 수 있는
여정의 텃밭이다

057 丁亥詩

세월의 언덕

새해의 달력이
벽에 걸리면서부터

푸른 생명이 숨쉬는
미지의 길을 떠난다

밀알의 노래를
풍요가 깃든 들녘으로 즈려놓고

억겁의 땀방울을
아름드리 생명꽃으로 장식하며

희로애락의 호흡에 따라
일년의 꿈이 흩어지고 모인다

058 丁亥詩

숲속의 하루

산자락에 뻗친
바위에 앉아

얼굴을 풀잎에 묻고
세상을 비웃는 새들을 본다

하늘은 먹구름을 덮고
젖샘이 흐르는 속세를 본다

유구한 강산을 빗질하며
계절의 유혹을 애무하는

숲속에는
고독을 삼킨 샘물이 흐른다

059 丁亥詩

심야에 뜬 혼불

밤은 깊어 가는데
풀벌레의 곡조는 멈추지 않는다

창문에 흐르는 습기는
심야의 젖샘을 짜듯

스탠드 빛따라
수 놓을 고뇌를 도닥이며

충혈된 눈시울은
문틈에 낀 별들의 벗되어

검푸른 새벽을 부른다

아직
할 일이 남았는데

060 丁亥詩

술 주전자

비 오는 날이면
찾아가는 곳이

영해시장 한 기슭
허리 휜 할머니의 주막이다

탁배기 사발이 부대끼는 소리에
사람사는 내음이 콧잔등을 후비고

은은한 빗소리에 정겨움이 넘치듯
텁털한 향기속에 싱그러움이 피어나

세상 살아가는 이야기에 귀동냥이 되고
인생 추스르는 만담속에 가슴이 벅차오른다

삼라만상에 찌든 때가 벗겨지고
일그러진 술 주전자는

학처럼
걸쭉하게 춤을 춘다

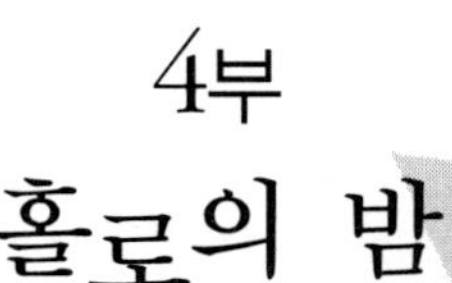

4부
홀로의 밤

뭉클히 젖어오는 그리움이 산천을 녹이며
고뇌의 신음을 발산하는 대지마다

061 丁亥詩

홀로의 밤

독잔에 우주의 영혼과
지구의 혼불을 섞어 채운다

오대양 육대주의 번영을 위해
오장육부에 쾌활한 회오리를 부추기고

일년 열두 달의 행복을 위해
십이지장에 신선한 파동을 일으키고

뭉클히 젖어오는 그리움이 산천을 녹이며
고뇌의 신음을 발산하는 대지마다

만고의 아픔을 달래 줄 술빛은
숯덩이가 되어버린 심신을 정서로 덧칠한다

062 丁亥詩

허무의 별처럼

무엇을 하고 있을까를 두고
많은 고민에 허우적거린다

스스럼없이 얽매이고 엮어지는 테마를 두고
탁배기의 유혹을 거부할 수 없다

무엇을 하며 살아야 하는가를 놓고
깊은 수렁텅이에 흠뻑 젖는다

과거를 꿰매어 현재를 추스르며
미지를 향해 마음의 기폭을 거역할 수 없다

허무의 별처럼

063 丁亥詩

술 세상

술은
술이다

술은
마음을 부풀리는 청량제다

술이기에 마시고
마시기에 취한다

술아
너 없인 못산다

인생이기에
늙어가듯

064 丁亥詩

고뇌의 빛

책향
엎질러진

서재의 저편에
사랑이 메마른다

역사의 길섶으로
오늘의 강이 흘러도

심장의 고동은
고뇌의 빛에 서걱댄다

065 丁亥詩

꼬인 세상

시궁창에 득실거리는 기생충들이
용이라 우기듯

나뭇가지에 매달린 솔방울이
골든벨이라 우기듯

꼬인 세상의 잡스러운 구석구석을
매몰차게 휘덮을 듯

소낙비가 내린다

066 丁亥詩

인생아

격렬한 감정으로
살벌한 압박으로

추상같은 삿대질을 한다면
주체못할 볼멘소리를 한다면

설움은 하늘을 찌르고
봇물은 대지를 휩쓸고 말리라

얼룩진 장벽을 허물고
격앙된 심신을 달래며

쌍방울 꽃을 피워
행복의 발판을 내달릴 수 있다면

아름다운 두 눈망울은
앙증맞은 미소로 가득하리라

067 丁亥詩

삶의 뜨락

인생은 지루박이 아니라
엇박자의 음률이라도
사랑의 하모니를 이룰 수 있다는

서러워한다고 한들
일탈의 덧없는 방황속에서도
희망의 노래를 부를 수 있다는

미래의 길목에서 아우성치는
들녘의 꽃잎처럼
환희의 보람을 느낄 수 있다는

그런 삶으로 하여
황금물결이 춤추며 세상을 살찌운다

068 丁亥詩

풍운의 미소

아집이 소멸되어
화합의 꽃이 되고

고통이 삭혀
평화의 빛이 되는

행복의 보금자리에
전희를 자아 낼

풍운의
미소를 보았다

069 丁亥詩

진정한 자리

속세의 문턱을 나와
별천지가 드리워진 광야를 달리면

세상사 아픔은 사라지고
풍요에 찬 행복만이 즐비하다

아픈 영혼을 닦아
모래알 같은 언어들을 가슴에 녹여

무지에서 깨어난 성감대를 쓸어내리며
슬기롭게 살아가는 것이 인생이다

070 丁亥詩

칠보산

신선의 바람을 마시다
푸른 계곡에
고독의 혼을 놓고 간 자리

산천의 병풍을 휘감다
은빛 샘물에
지친 몸을 털다 간 자리

산새가 노래하고
솔방울이 춤추는 산자락에
머물렀던 체취는 신음으로 남아

세월의 풍상으로 얼룩진 낙엽위에
통곡하다 흘린 눈물이
슬픈 묵화로 피어 있었네

071 丁亥詩

슬픈 나그네

꽃처럼
피고 지는

나무처럼
자라고 부러지는

인생따라
세월따라

고행의 숲을 지나가는
슬픈 나그네

072 丁亥詩

벗

그댄 기독교 목사되어
찻병을 들고 전도의 길을 떠나고

난 불교 신자되어
술병을 끼고 억겁의 길을 떠난다

같은 날에 태어나
문우가 된 후 우연히 만나
길고 긴 여정의 손을 잡고

심신의 꽃을 드리우며
한 세상 널브러진 희로애락을 품어 안고

공주와 영덕을 넘나드는
무언의 대화는 사철나무 푸른빛에 젖어

지팡이 짚고 떠나 갈 그날까지
우정과 문우의 정은 영원하리라

073 丁亥詩

혼불의 길

은하수를 휘감지 않고도
우주라고 한다

이십사절기를 토하지 않고도
지구라고 한다

신비의 별을 품어야
진정한 우주가 되는 것이요

공전하며 세월을 토해야
지구의 사명을 다할 것이다

온누리에 맑은 빛을 주지 않는 태양이
오늘도 구름에 갇혀 사자후를 토하고 있다

074 丁亥詩

심야의 노래

고뇌에 찬 어둠을 뚫고
나락으로 떨어지는 별빛이
원고지에 각인할 시어를 위해

숲속을 헤매다
해맞이 공원으로 떠나고

번뇌에 찬 촛불은
헝클어진 밤을 에워잡고
여명의 꽃 피울 준비를 한다

075 丁亥詩

주농야시의 인생

흘러도 끊이지 않을 폭포수처럼
덧없는 미래를 질주하며

태초에서 오늘날까지의 역사를 위해
생명산업에 피땀을 흘릴 전원의 산(山)이 된다

타도 꺼지지 않을 활화산처럼
한없는 정력을 쏟아내며

요람에서 무덤까지의 여정을 향해
문학창작에 혼불을 적실 서정의 강(江)이 된다

푸른 산은 육신을 살찌우고
맑은 강은 정신을 정화한다

076 丁亥詩

삶의 밀알

슬퍼도 슬프지 않아야 하고
기뻐도 기쁘지 않아야 할

하늘에는
행복의 불씨를 놓는다

아프면 눈물이 있어야 향기가 있고
기쁘면 웃음이 있어야 행복이 있을

광야에는
밀알의 서정을 줍는다

077 丁亥詩

홀로의 길목

어둠보다
더 서러워 우는 고독한 나그네

공허함에 지쳐
고뇌의 쓴맛을 게워내듯

해거름에 핀 슬픔은
밤으로 가는 붉은 신음이 되어

내 작은 심장이 요동한다
외로운 오솔길 따라

078 丁亥詩

그리운 벗

엉킨 세월
천년이 되어도 빛날

그 모습은
영원히 지울 수 없는 벗

정겨워 눈시울이 뜨겁고
그리워 가슴이 찢어질 듯
보고 싶은 그 얼굴

지금은 어디에서
불혹의 노래를 부르고 있는지

079 丁亥詩

초야에서

메마르고 지치면
립스틱으로 물들여 놓은
만추의 낙엽을 생각한다

허기지고 쓰리면
콩죽땀으로 비벼낸
전답의 오곡을 바라본다

낙엽처럼
오곡처럼

초야에서
정서와 행복이 널브러진 구들장에
장작불을 지피며 살고 싶다

080 丁亥詩

영원의 정

미워할 수도
멸시할 수도 없는
터전에

시간이 거듭될수록
쌓여가는 정이 따뜻하다

가려움을 긁어 사랑이 피고
고뇌를 녹여 정서가 물들어 가는
땅위의 생명처럼

길이요
넋이요
혼이다

영원의 정을 익히며
문향의 고리를 잡는다

5부
그리운 얼굴

오늘따라 그리운 얼굴들이
눈물의 흔적으로 여미어 온다

081 丁亥詩

그리운 얼굴

비오는 날에는
뒷동산에 올라
유년의 함성에 젖어 그리운 눈물을 흘리고 싶다

청명한 날에는
툇마루에 앉아
빨랫줄에 걸린 동심의 흔적을 느끼고 싶다

오늘따라 그리운 얼굴들이
눈물의 흔적으로 여미어 온다

082 丁亥詩

자연의 눈물

산 너머
사랑이 있다기에 산을 넘고

강 건너
희망이 있다기에 강을 건너지만

산과 강은
비수처럼 꽂힌 아편들로 하여
세월의 고뇌를 답습할 뿐

삶의 질곡따라
냉가슴으로 물들인 세월만 흐른다

083 丁亥詩

고뇌의 바람

떠난 님은
목청껏 불러도 오지 않고

돌아올 수 없는 다리를 건너 간
고운 님의 숨결소리는
아직도 귓전을 맴도는데

헐벗은 소나무는 산천을 에워잡고
생명을 지필 횃불을 놓고
짙은 추억을 밝혀 주지만

님의 소식은
고뇌의 바람처럼 스쳐갈 뿐이다

084 丁亥詩

여정의 길

지구를 압축한 품속에
미생물이 꿈틀거리며

울어도 눈물이 아니고
웃어도 웃음이 아니라고 한다

구름과 벗된 여정의 길에
눈물이 웃음꽃으로 피어

주름의 역사를 말해주듯
실타래의 신음은 희미한 미소를 품는다

085 丁亥詩

하루

동튼 하루
가슴으로 열자

코앞에
서산낙일이다

굽어보고
둘러봐도

밥그릇에는
지푸라기 하나

086 丁亥詩

무더운 그날

풀숲
그늘에 앉아

매미소리에
콧노래 부르고

산새의 날갯짓에
어깨춤을 출 때

여름은
갈잎을 밟는다

087 丁亥詩

만추의 강

토실토실 벼이삭에 응집된
가을의 노랫말이

산천의 향기를 타고
유유히 만추의 강으로 흐른다

진땀 흐트러진 토양마다
결실의 홍분이 추풍을 안고

생명의 곳간을 애무하며
초야의 향긋한 숨결을 토한다

088 丁亥詩

한해살이

농작도
생명산업도
처연한 삶이란 것밖에
그러나
유유자적을 향해 여정의 단꿈을 적신다

창작도
미사여구도
청렴한 문학이란 것밖에
그러나
장인정신을 잡고 예술의 혼불을 지핀다

한해살이의 틈새에 뛈박질하며
지나 온 한해의 꿈들이

육신도
정신도 불타고 있다
정열의 이름으로

089 丁亥詩

메마른 땅

육신이 터져 만신창이가 되고
심장이 멎어 죽을 것만 같은
메마른 땅에서

춤춘다
정신없이 춤춘다
들녘이 들썩거린다

노래한다
사정없이 노래한다
전답이 시끌벅적하다

장대비가 온다

090 丁亥詩

시집(詩集)

발자취의 흔적을 위해
원고지는 만신창이가 된다

하나하나씩 엮어가는
그 숱한 인고의 세월들을

모조리 버리고
잊고 싶지만

나를 멍들게 한 것들
나를 고독속으로 밀어넣은 것들이기에

그 흉물을 보면서 깨닫는다
끝까지 자맥질하겠노라고

091 丁亥詩

그리운 사람

빈잔일 때 술을 채워 줄 이
담배를 물때 불을 붙여 줄 이
가슴이 저릴 때 도닥여 줄 이

그런 이 있다면
망상의 눈물은 피어나지 않을 뿐더러

빈뜨락에 홀로 삼켜야 할
고독의 불씨가 흥건히 피어날지라도

고도의 산에 새떼가 날고
서정의 강에 나비떼 날듯

영혼의 신음을 타고
여명의 세계로 유영할 것만 같다

092 丁亥詩

산마루에서

산천의 솔방울들이
미풍에도 옥구슬 구르듯

광야의 새싹들이
농군의 입김에도 신바람 나듯

이 세상 아무리 고되다 할지라도
뿌린대로 녹색의 터전을 보듬을 수 있어

번뇌의 마음을 행복으로 물들이며
미지로 가는 광명의 길은 행복하다

093 丁亥詩

기다리는 마음

세월을 곱씹으며
시간을 보내도

정녕
아니 오고

미풍이 스쳐가는 길목에
갈대의 춤사위에 그리움만 덧칠되어

헝클어진 추억은
토담 밑에 잠들었네

094 丁亥詩

정해년

황금돼지의 테마에 젖은 기쁨으로
살맛나는 한해가 되리라 믿었던 해바라기는
태양이 주는 사랑마저도 느끼지 못한 채
일년의 회오리바람으로 고개를 떨구었네

한반도의 평화와 경제는 바닥이 드러나고
눈만 뜨면 정치쇼가 펼쳐지는 사상누각에는
썩은 냄새로 아수라장 되어 인격마저 사라지고
장래의 희망은 송두리째 뽑혀지고 있었네

고조선부터 무너지지 않고 줄기차게 달려 온
야만적 건성만이 하늘을 치솟고 있을 뿐
지금도 사촌이 논 사면 배 아픈 형국이다 보니
언제쯤 인정의 꽃이 피어날까 기다려지네

신비스러운 우주의 세계가 열려 가는데
희망 찬 지구촌의 미래가 벅차게 변해 가는데
이 땅의 여명은 갈수록 희미한 등불이 되니
한국의 꿈은 세월이 가도 깨어날 줄 모르네

095 丁亥詩

길

해가 뜨면 해바라기를 좇고
달이 뜨면 달맞이꽃을 따르듯

나침판 따라 세상을 바라보다
나이테의 잔물결 되어 쉴새없이 늙어간다

삶은 종착역으로 가는 길이지만
억겁의 눈물보다 신선의 미소를 자아내며

자연의 풍만한 오르가즘을 만끽하며
그날까지 사람 사는 냄새를 풍기는 길이다

096 丁亥詩

신음의 하루

고뇌의 길이
실핏줄에 엉켜

가슴앓이에 짓눌린
하루의 일과를

술잔에
앙칼지게 부어

영혼의 노래를
골수로 토해낸다

097 丁亥詩

고독의 빛

세상 근심 떨쳐버리고
인생 설움 날려버리고

낙엽이 뒹구는 대로
바위가 깎혀지는 대로

오가는 길목에 꽃 하나 심어
짙은 살색을 토하며

등대처럼
고독의 빛을 토하고 싶다

098 丁亥詩

어느 친구의 죽음

떠나는 그 길이
아무리 설화가 덮여 차갑다 할지라도
계곡마다 슬픈 전율이 흐른다 할지라도

지난 세월의 쓰라린 아픔들을
찰나에 닿은 억겁의 고통들을
나지막이 불살라 버리고

다시 올 이승의 길이라 믿으며
극락의 노랫소리에 영혼을 달래며
미련의 끈을 가지런히 놓고

평화의 보금자리를 향해
미소를 흩뿌리며, 평온의 마음을 싣고
첫눈 내리는 그 길따라 편안히 가소서

099 丁亥詩

불혹의 자리

여기에 앉든
저기에 앉든

추억의 물꼬는
막힘없이 흐르고

그 속에 멍들어 가는
어린 날의 그리움은

해학의 넋두리로 하여
슬기롭게 삼켜야 할 불혹의 자리

송천강아
비 내리는 날
탁배기가 되어다오

100 丁亥詩

고뇌의 들꽃처럼

양산이 되고
우산이 되는
그런 꿈이 그립다

그늘이 되고
온돌이 되는
그런 꿈이 그립다

양산이 될 때 비가 오고
우산이 될 때 빛이 나는
엇박자의 삶일지라도

흐느끼며 필 농꽃은
고뇌의 들꽃처럼
말없이 서정의 강을 건너고 있다